Manfred Mai,
geboren 1949, lebt mit seiner Familie als freier Schriftsteller in
Winterlingen auf der Schwäbischen Alb. Er schreibt Geschichten
und Gedichte für Kinder, Jugendliche und Erwachsene.
Seine Bücher wurden in viele Sprachen übersetzt
und mehrfach ausgezeichnet.

Kasia Sander,
gebürtige Polin, studierte Grafik-Design in Danzig und Münster.
Sie arbeitet als freie Illustratorin für verschiedene Buchverlage
und als Karikaturistin bei einer Tageszeitung.
Sie lebt mit Mann, Tochter und zwei Hunden in Recklinghausen.

Manfred Mai

Philipp darf nicht petzen

Mit Bildern von
Kasia Sander

In neuer Rechtschreibung

4. Auflage 2002
© Edition Bücherbär im Arena Verlag GmbH, Würzburg 2001
Alle Rechte vorbehalten
Einbandillustration von Kasia Sander
Gesamtherstellung: Westermann Druck Zwickau GmbH
ISBN 3-401-07964-6

Philipp weiß nicht mehr weiter

Frau Huber geht durch die Reihen
und kontrolliert die Hausaufgaben.
Philipp schaut nicht auf,
als die Lehrerin
neben ihm stehen bleibt.
„Wo ist denn dein Heft?",
fragt sie.
„Ich hab's vergessen",
murmelt Philipp.
„Schon wieder?"
Frau Huber schüttelt den Kopf.

„Was ist denn nur los mit dir?
Ich glaub, ich muss mal
mit deiner Mutter reden."
„Morgen bring ich's mit",
sagt Philipp schnell.
„Ganz bestimmt."
Frau Huber schaut ihn
nachdenklich an.

„Also gut."
Philipp atmet auf.
Doch ein ungutes Gefühl
im Bauch bleibt.
Frau Huber wird bestimmt denken,
er sei ein Schlamper.
Und das bedrückt ihn,
denn er mag seine Lehrerin.

Trotzdem kann er nicht sagen,
warum er sein Matheheft
nicht dabeihat.
Philipp kann mit niemandem
darüber sprechen.
Er hat einfach zu viel Angst
vor Hannes, Ramon und Tommi.
Sie sind die Ältesten in der Klasse
und erpressen Philipp.

Zwei Wochen geht das nun schon.
Zuerst haben sie ihm jeden Tag
sein Pausenbrot weggenommen.
Dann wollten sie Geld.
Als Philipps Taschengeld
zu Ende war und er
nicht mehr zahlen konnte,
haben die drei
seinen Schulranzen geplündert
und dabei sein Matheheft zerrissen.

Und wenn er morgen
wieder kein Geld bringt
oder sie verpetzt,
dann wollen sie zur Strafe
sein neues Fahrrad demolieren.
Philipp weiß nicht mehr weiter.
Am liebsten möchte er weg sein,
ganz weit weg.

Philipp hat Bauchweh

„Philipp, aufstehn!", ruft die Mutter.
Philipp tut so, als höre er nichts.
Ein paar Minuten später
ruft sie wieder,
aber Philipp kriecht noch tiefer
unter die Bettdecke.
„Philipp, es ist höchste Zeit!"
Die Mutter steht vor Philipps Bett
und hebt die Decke hoch.
„Was ist denn heute los mit dir?"

„Ich hab Bauchweh", klagt er
und zieht die Decke
wieder zu sich hinunter.
„Bauchweh?" Die Mutter
schaut Philipp in die Augen.
„Geh erst mal aufs Klo,
dann verschwindet das Bauchweh."
„Ich kann nicht aufstehn",
nuschelt Philipp ins Kissen.

„Nanana", sagt die Mutter,
„so schlimm wird's schon nicht sein."
Sie setzt sich auf die Bettkante.
„Warum willst du denn
nicht in die Schule?
Schreibt ihr vielleicht
eine Klassenarbeit?"
Er schüttelt den Kopf.
„Hat Frau Huber dich geschimpft?"
„Nein."

„Hat dir sonst jemand etwas getan?"
Philipp schweigt
und dreht sich zur Seite.
Die Mutter streichelt ihn liebevoll.
„Wenn ich dir helfen soll,
musst du mir schon sagen,
was passiert ist."
„Ich hab Bauchweh."
Sie dreht Philipps Kopf,
da sieht sie die Tränen
in seinen Augen.
„Philipp, was ist los?
Du weinst doch nicht,
weil du Bauchweh hast."

Sie schaut Philipp an
und sagt ein wenig lauter:
„Ich möchte jetzt wissen,
was passiert ist."
„Ich darf nicht petzen",
antwortet Philipp leise.
Die Mutter rüttelt ihn am Arm.
„Wenn jemand gemein zu dir war,
musst du es sagen!

Das ist nicht gepetzt!"
Philipp wischt sich die Tränen ab.
Die Mutter streicht ihm noch mal
übers Haar.
„Es geht dir bestimmt besser,
wenn du alles erzählt hast",
ermuntert sie ihn.
Zögernd und stockend
berichtet Philipp,
was passiert ist.

„Und jetzt wollen sie
noch mehr Geld",
sagt er schließlich.
„Aber ich hab doch keines mehr."
„Das kann doch wohl
nicht wahr sein!",
ruft die Mutter fassungslos.
„Wo leben wir denn?"
Sie steht auf. „Wie heißen die drei?"
„Das darf ich nicht sagen."
Die Mutter nimmt seine Hand.
„Philipp, sei vernünftig ... "
Doch er zieht seine Hand weg.
„Nein!"
Die Mutter seufzt.
„Und wie soll es jetzt weitergehen?
Du kannst doch nicht einfach
zu Hause bleiben."

„Vielleicht … vielleicht suchen sie einen anderen,
wenn ich ein paar Tage
nicht da bin", murmelt Philipp.
„Das ist nun wirklich keine Lösung",
entgegnet sie. „Solchen Kerlen
muss man das Handwerk legen,
sonst suchen die sich
immer neue Opfer."
Philipp schweigt.

„Komm", sagt sie,
„zieh dich an, ich bring dich ..."
„Nein!", schreit Philipp.
„Das darfst du nicht!
„Sonst schöpfen sie
gleich Verdacht."
„Hm", macht die Mutter und überlegt.
„Nun zieh dich erst mal an,
dann sehen wir weiter."

Philipp trottet zum Schrank
und holt seine Anziehsachen.
Er hört, dass seine Mutter telefoniert.
Sie spricht mit Frau Huber
und berichtet,
was Philipp erzählt hat.
„Vielen Dank, Frau Huber",
hört er sie sagen.
„Ich fahre Philipp ab heute
mit dem Auto zur Schule."
Bevor sie gehen,
gibt sie Philipp fünf Mark.
„Damit kannst du die Kerle
noch mal ruhig stellen.
Aber eine Dauerlösung ist das nicht."
Philipp nickt dankbar
und steckt das Geld ein.

Drei gegen einen

"Halt!", sagt Philipp,
bevor die Mutter
in die Schulstraße einbiegt.
"Lass mich hier aussteigen,
sonst sehen sie,
dass du mich bringst."
Die Mutter will noch etwas sagen,
aber Philipp ist schon draußen.
Sie fährt langsam weiter und sieht,
wie Philipp zwischen
den anderen Schülern verschwindet.

Am liebsten wäre Philipp unsichtbar.
Seine Augen suchen den Schulhof ab.
Da! Sie kommen gerade
aus der Toilette.
Er geht schnell in Richtung Eingang.
An der Treppe
haben sie Philipp erreicht.
„Hallo, Kleiner!", sagt Hannes.

Philipp will einfach weitergehen,
aber Tommi packt ihn am Ärmel.
„In der Pause
bei den Fahrradständern",
zischt Ramon. „Du weißt schon."
Philipp reißt sich los
und läuft die Treppe hoch.
Da läutet es.
Die Schülerinnen und Schüler
drängen ins Schulhaus
und Philipp wird mitgeschoben.

Im Klassenzimmer setzt er sich
sofort an seinen Platz.
Nach und nach kommen die
anderen Kinder hereingetrödelt,
zuletzt auch Hannes,
Tommi und Ramon.
Als Hannes an Philipp vorbeigeht,
gibt er ihm einen Klaps
auf die Schulter.
Es sieht ganz harmlos aus.
So als wäre Hannes
Philipps Freund.
Doch Philipp zuckt zusammen.
„Was ist denn los?",
fragt Philipps Banknachbar Lukas.
„Nichts."
„Du hast doch was", sagt Lukas.
„Lass mich in Ruhe!"

„Guten Morgen, Kinder!",
grüßt Frau Huber.
Sie legt ihre Tasche ab,
stellt sich vor ihren Tisch
und wartet, bis es ruhig ist.

„Bevor wir mit dem Unterricht anfangen, muss ich euch etwas Wichtiges sagen", beginnt sie.
„An unserer Schule soll es Schüler geben, die anderen Kindern Sachen wegnehmen oder Geld von ihnen verlangen."
Schon bei diesen ersten Worten wird es Philipp heiß.

Frau Huber spricht dann
von Diebstahl und Erpressung.
Doch es rauscht an Philipp vorbei.
Jetzt denken sie bestimmt,
ich hätte sie verpetzt,
schießt es ihm durch den Kopf.
Dann … dann … dann …
schwirrt es nur noch in ihm.
Er hat das Gefühl, zu schrumpfen.
Wie aus weiter Ferne hört er
Frau Huber reden.
Aber er ist nicht bei der Sache.

Wie im Krimi

Als es zur großen Pause läutet,
geht Philipp als Letzter
aus dem Klassenzimmer.
Nur Frau Huber sitzt
noch an ihrem Pult
und schreibt ins Klassenbuch.
„Philipp, möchtest du mir
nichts sagen?",
spricht sie ihn an.
Er schüttelt nur den Kopf.
Sie legt das Klassenbuch beiseite.

„Ich will dir doch helfen", sagt sie.
Philipp schaut zu Boden.
„Sind die drei Erpresser
in unserer Klasse?",
fragt Frau Huber.
Philipp guckt sie mit
großen Augen an.
Dann schüttelt er heftig den Kopf.
Zu heftig.

„Überleg's dir noch mal", sagt sie.
„Ich warte nach der Pause
vor dem Lehrerzimmer auf dich."
In Philipps Kopf
fahren die Gedanken Karussell.
Er trottet auf den Schulhof
und wie von einer
unsichtbaren Hand geführt
zu den Fahrradständern.

Hannes, Tommi und Ramon
erwarten ihn schon.
„Du hast gepetzt ..."
„Nein!" Philipp hebt die Hände
wie zum Schutz.
„Klar hast du gepetzt",
behauptet Hannes.
„Sonst hätte die Huber
nicht so viel gequasselt."
„Ich hab nicht gepetzt, Ehrenwort!"
„Wenn du uns anlügst,
werden wir dich bestrafen",
droht Hannes.
Er macht ein Gesicht
wie die fiesen Typen
in Fernsehkrimis.

„Uns werden schöne Strafen
für dich einfallen,
darauf kannst du dich verlassen."
Tommi und Ramon nicken.
„Im Strafenausdenken
sind wir nämlich spitze",
sagt Tommi grinsend.
„Das ... das ... das müsst ihr nicht",
stammelt Philipp.

Er greift in die Tasche,
holt die fünf Mark heraus
und streckt sie Hannes entgegen.
„Ich hab das Geld mitgebracht."
„Prima", sagt Hannes
und will es nehmen.
Plötzlich steht Frau Huber da
wie aus dem Boden gewachsen.
„Was geht hier vor?

Philipp, warum gibst du
Hannes Geld?"
„Ich … ich … weil … ",
stottert Philipp.
„Weil das mein Geld ist",
behauptet Hannes frech.
„Dein Geld?",
fragt Frau Huber zweifelnd.
„Wieso dein Geld?"
„Das hab ich ihm gestern geliehen",
lügt Hannes weiter.
„Und jetzt hat er es mir
zurückgegeben."
Frau Huber möchte von
Philipp wissen, ob das stimmt.
Philipp schaut von der Lehrerin
zu Hannes und wieder zur Lehrerin.
Dann nickt er.

„Und wozu hast du das Geld gebraucht?", bohrt Frau Huber weiter.

„Ich ... ich wollte mir etwas kaufen."
„Was denn?"
„Philipp nascht gern",
antwortet Hannes für Philipp.
„Er wollte sich Süßigkeiten kaufen."
Frau Huber greift nach Hannes'
Hand und öffnet sie.
„Für fünf Mark?"
„Süßigkeiten sind teuer",
sagt Hannes.
„Du hältst jetzt besser mal
deinen vorlauten Mund!",
sagt Frau Huber.
Sie ist sicher, dass Hannes lügt.
Aber solange Philipp schweigt,
kann sie das nicht beweisen.

Ist Philipp ein Dieb?

Endlich ist die Schule aus.
Als Philipp auf dem Gang
seine Jacke anzieht,
gehen Hannes, Tommi und Ramon
ganz dicht an ihm vorbei.
Hannes zischt: „Morgen bringst du
die fünf Mark mit,
die Tommi dir ausgeliehen hat.
Ist das klar!"
„Aber ich ..."

„Fünf Mark", fällt ihm Hannes ins Wort,
„sonst ist dein Fahrrad
ein Schrotthaufen!"
Und schon sind sie weg.
Philipp spürt,
wie ihm die Tränen kommen.
Er schluckt ein paar Mal
und läuft nach draußen,
damit ihn
niemand anspricht.

Hinter der nächsten Ecke
steht seine Mutter und wartet auf ihn.
„Du sollst mich nicht abholen",
sagt Philipp und geht an ihr vorbei.
Doch sie ist gleich wieder neben ihm
und fragt: „Wie war's?"
„Ich hab ihnen
die fünf Mark gegeben
und jetzt lassen sie mich in Ruhe",
antwortet er.
Wieder möchte die Mutter
die Namen der drei Jungen wissen.
Aber Philipp schweigt.

Zu Hause verschwindet er gleich
in seinem Zimmer
und holt sein Sparschwein vom Regal.

Er hält es mit dem Schlitz nach unten
und schüttelt es kräftig,
aber vergeblich.
„Mist!", schimpft er,
nimmt ein Lineal und will es
in den Schlitz zwängen.
Aber das Lineal ist zu dick.
Dann montiert er
einen Kugelschreiber auseinander,
nimmt die Mine und stochert
in dem Sparschwein herum.

Auch so klappt es nicht.
Enttäuscht wirft er das Sparschwein
auf sein Bett,
dass es nur so scheppert.
„Ich muss das Geld haben",
murmelt er mit Tränen in den Augen.
Philipp schleicht hinaus
und guckt vorsichtig in die Küche.

Seine Mutter steht am Herd.
Auf leisen Sohlen geht er
zu dem Schränkchen
neben der Wohnungstür.
Dort liegt Mutters Handtasche.
Er dreht sich um
und schaut zur Küchentür.
Die Mutter ist nicht zu sehen.
Da greift er nach der Handtasche,
zögert, schluckt
und schaut noch einmal zurück.
Dann klappt er sie auf
und nimmt die Geldbörse heraus.
Sein Mund ist trocken,
sein Herz hämmert,
ihm wird beinahe schwindlig.
Mit zitternden Fingern
sucht und findet er fünf Mark,

nimmt sie heraus,
steckt sie in die Hosentasche
und will die Geldbörse
in die Handtasche zurücklegen.

Alles dreht sich in und um ihn,
er glaubt zu schweben.
Die Geldbörse gleitet ihm
aus den Händen,
seine Beine werden weich
wie Pudding.
Er sinkt in sich zusammen
und kauert auf dem Boden,
ein Häufchen Elend.

„Hast du etwa …"
Die Mutter spricht nicht weiter,
hockt sich zu Philipp auf den Boden
und drückt ihn an sich.
„Sie wollen wieder Geld von dir,
stimmt's?"
Philipp nickt und beginnt
hemmungslos zu schluchzen.
Es dauert lange, bis er ruhiger wird.
Dann greift er in seine Hosentasche
und holt die Geldstücke heraus.
„Mama, das wollte ich nicht",
nuschelt er.
„Ich weiß", sagt die Mutter,
„du bist doch kein Dieb.
Aber du siehst,
was die drei aus dir machen,
wenn du dir nicht helfen lässt."

Philipp nickt und murmelt:
„Es sind Hannes,
Tommi und Ramon."

Ende gut, alles gut?

Am nächsten Morgen
ruft Frau Huber
Philipp, Hannes,
Tommi und Ramon nach vorn.
„Wir gehen jetzt ins Rektorat",
erklärt sie knapp.
„Und ihr verhaltet euch ruhig!",
sagt sie zum Rest der Klasse.
„Nehmt euch die Rechenaufgaben
von Seite 73 vor!"

Auf dem Weg ins Rektorat
werfen Hannes, Tommi und Ramon
Philipp böse Blicke zu.
Aber niemand sagt ein Wort.

Die Schulleiterin wartet schon.
Neben ihr steht ein Polizeibeamter.
Plötzlich gucken Ramon und Tommi
gar nicht mehr böse,
sondern ängstlich.

„Na, habt ihr uns etwas zu sagen?",
fragt die Schulleiterin.
„Ich … ich … das … ",
stammelt Ramon.
„Psst!", zischt Hannes.
Ramon zuckt zusammen
und schweigt.
„Wir warten!",
sagt die Schulleiterin scharf.

Als die drei weiter schweigen,
spürt Philipp eine Wut
in sich wachsen.
Die Wut wird immer größer.
Am liebsten würde er
alle drei verprügeln.

Das tut er aber nicht, sondern er redet.
Die Worte sprudeln nur so
aus ihm heraus.
„Und jetzt wollen sie
mein Fahrrad kaputtmachen",
sagt er zum Schluss.
„Mein neues Fahrrad!"

Ein paar Augenblicke lang
herrscht Stille.
„War es so,
wie Philipp erzählt hat?",
fragt die Schulleiterin.
Ramon und Tommi nicken.
Hannes zögert noch,
dann nickt er auch.
„Das ist ja wirklich
ein starkes Stück
für Jungen in eurem Alter",
sagt die Schulleiterin.
Dann deutet sie
auf den Polizisten.
„Ich werde mit Herrn Leibinger
überlegen, was in diesem Fall
zu tun ist.
Ihr könnt jetzt gehen."

Als die Jungen schon
in der Tür sind,
sagt die Schulleiterin:
„Einen Augenblick noch!
Ich kann mir gut vorstellen,
was ihr jetzt denkt.
Aber lasst euch bloß nicht einfallen
Philipp zu bestrafen!
Vergesst diesen Gedanken
ganz schnell!"
„Das ist ein guter Rat",
sagt der Polizist. „Ich bin sicher,
ihr seid klug genug und befolgt ihn."

Die Bücher für begeisterte Erstleser – mit dem Bücherbär am Lesebändchen!

Eine Auswahl:

Nortrud Boge-Erli,
Ein Gespenst für Lia

Gerald Bosch,
Superstarke Scherzfragen

Achim Bröger,
Jakobs Zauberhut –
Was für ein Schultag!

Ulrike Kaup,
Ein neues Pony auf dem Hof

Frauke Nahrgang,
Luno und der blaue Planet

Manfred Mai,
Du kannst reiten, Annika!

Manfred Mai,
Philipp darf nicht petzen

Jo Pestum,
Paule und die wilden Piraten

Nina Schindler,
Freundschaftsgeschichten
mit Freda

Nina Schindler,
Schulgeschichten mit Freda

Nina Schindler,
Gespenstergeschichten mit Freda

Maria Seidemann,
Bastis tollster Schultag

Anne Steinwart,
Anna und die ABC-Hexe